rainar nitzsche:
wir ... menschen der erde

AF190091

Der Autor

Dr. Rainar Nitzsche wurde am 27.12.55 in Berlin geboren, ging im Saarland zur Schule und lebt in Kaiserslautern, wo er Biologie studierte und über Brautgeschenke bei Spinnen promovierte. Er ist gelernter Buchhändler und gründete 1989 den Rainar Nitzsche Verlag. Seit 2015 veröffentlicht er seine Belletristik und Kunstbücher als Autor bei BoD, bookrix und neobooks.

LYRIK: *wir ... menschen der erde* (1982, 2017), *Die Zeit der Bäume* (1992), *OM oder das Rauschen der scheinbaren Leere* (1994), *Klang über den Meeren der Zeit* (1996), *Ewig sein in Stille* (2006/2016).

PROSA: Fantasyromane: *Der Leuchtende Pfad des Magiers* (1998, 2015), *Wandlungen der Drei* (2004, 2015), *Wüsten-Berges-Himmels-Weiten* (2005/2015), *Ins All - Im Eins* (2005/2015).

Thematisch geordnete Sammelbände fantastischer Kurzprosa: die Mondintrilogie *Ruf der Mondin* (1992, 2017), *Im Licht der Vollen Mondin* (1996, 2017), *Mondin-Schein und Sein* (2001, 2017), *Aton - Vater Sonn* (2001, 2017), *Still riefen uns die Sterne* (2001, 2017), *Spiegelwelten deiner Seele* (2001/2016), *Spinnentraumgespinste* (2007/2008), *Von Engeln, Erleuchtung und Ewigkeit* (2006/2007/2016), *Das Schlafende steht auf aus seinen Träumen* (2010).

KUNST: Verfremdete Fotografie mit Text: *Spinnenkunstwelten 2* (2010), *Spinnen fantastisch verfremdet* (2016), *Aliens* (2016), *Höllenkunst* (2016) u. a.

SACHBUCH: Seit seiner Jugend fotografiert er Tiere, insbesondere Insekten und Spinnen, die sich in seinen Sachbüchern: *Spinnen kennen lernen, Spinnen lieben lernen, Spinnen-Sex und mehr* u. a. finden.

wir ...
menschen der erde

lyrik
von rainar nitzsche

entstanden 1976 bis 1981

Die Deutsche Nationalbibliothek verzeichnet diese Publikation in der Deutschen Nationalbibliografie; detaillierte bibliografische Daten sind im Internet über dnb.d-nb.de abrufbar.

Impressum

Rainar Nitzsche

wir ... menschen der erde

Reprint der 1982 im Gauke Verlag, Hann. Münden erschienenen ersten Auflage.

Die totale Kleinschreibung im Original sowie die Interpunktion wurden in dieser neugesetzten, druckfehlerkorrigierten Ausgabe beibehalten, ansonsten die neue Rechtschreibung verwendet. Das Cover wurde neu gestaltet.

Umschlaggestaltung und Grafik (Mona Lisa verändert): Dr. Rainar Nitzsche

Computersatz: Dr. Rainar Nitzsche

© 2017 Herstellung und Verlag:
BoD – Books on Demand, Norderstedt
ISBN 9783744818629

mensch

mensch
sieh hinaus
in die nacht
den sternen entgegen
...
und frage dich
wohin du gehst

vorwort

lieber leser,

das zentrale thema dieses - meines ersten – gedichtbandes ist der mensch. darunter verstehe ich sowohl die art mensch: die menschheit, als auch alle menschlichen wesen: uns individuen.

mein anliegen ist unser aller überleben, die sehnsucht nach einem friedlichen morgen ohne waffen und hass, in dem wir arbeiten zum gemeinwohl aller und leben und lieben mit der einzig wichtigen erkenntnis: dass wir alle menschen sind, gleich und doch verschieden, denn jeder mensch hat seine speziellen fähigkeiten und interessen. diese gilt es in einer zukünfigen gesellschaft zu wecken und zu fördern.

weit entfernt scheint das ziel der nie endenden veränderung. doch schon relativ viele unter uns haben begonnen, neue wege zu beschreiten. Wir alle müssen und und bei uns beginnen, den wandel in unsere welt zu bringen.

einst vor nicht langer zeit wartete auch ich auf die große revolution von außen und irgendwoher. doch das leben ändert sich langsam, und große dinge brauchen ihre zeit. leise, lautlos und sanft hat mein ich gerade begonnen, in ein anderes morgen zu schreiten.

der weg, dem du hier von kapitel zu kapitel folgst, führt vom ich zum wir, vom heute, geprägt durch die tradition des gestern, ins morgen und weiter, weit hinfort, dem übermorgen entgegen.

nach einigen kurzen einleitenden gedichten über unseren planeten und uns (kap. 1) kehrst du in kap. 2 zurück zur natur, die n o c h um uns ist. versuche, deine blindheit abzuwerfen, deine hast und hektik aufzugeben. gehe einfach mal hinaus in den wald, lege dich nieder auf die erde ins moos und betrachte die wogenden wipfel der bäume. lausche, fühle dein ich als teil des ganzen, teil des lebens der erde (»wald und wind«).

traumhafte lyrik, beeinflusst durch indische lehren und inspiriert von dem australischen film »picknick am valentinstag«, findest du in kap. 3. »nirwana« handelt vom lebensfluss, beginnend mit der geburt des menschen, endend in seinem tod, dem eingehen in das ganze, den kreislauf der erde. dieses gedicht, wie die meisten anderen auch, verstehst du am besten, wenn du dir das gelesene bildhaft vorstellst.

in kap. 4 steht unsere traurige realität im mittelpunkt: das töten von menschen durch menschen, die zerstörung unserer umwelt durch chemie, kernkraftwerke etc. und die drohende atomare vernichtung.

hoffen wir auf ein baldiges ende des seit jahrmillionen herrschenden kriegszustandes, in dem sich die menschheit befindet, denn frieden ist heute wie gestern nur in teilen der erde (kap. 5).

einige gedanken zu einer neuen welt und einem neuen menschen in lyrischer form, vor allem über den beginn, die geburt folgen in den kap. 6 und 7.
in kap. 8 geht es um den aufbruch in den raum,

die erhöhung der überlebenswahrscheinlichkeit des irdischen, menschlichen lebens. dieser würde, mit heutigen menschen ausgeführt, nur zum untergang führen (»dawn«). denn neben modernster, an den menschen angepasster technologie können nur menschen voll ruhe und kraft die stille des alls ertragen. in »raumzeit des aufbruchs« bricht ein geistig- energetisches gemeinschaftswesen, ehemals menschheit genannt, auf in den kosmos, seinen lebensraum, auf der suche nach den anderen, die irgendwo warten und suchen, irgendwo in der weite der welt.

wir wurden in jahrmilliarden, um heute zu vergehen?
wir wollen sein (kap. 9).

I. erde leben mensch

geleitwort

ewige fortsetzung
> leben erzeugt leben
> immer wieder
> ist leben

ewig der lauf des todes
> auf tod folgt tod
> immer wieder
> ist tod

ewig und unendlich der kreis
> auf leben folgt tod
> auf tod folgt leben
> wir leben
> um zu sterben
> wir sterben
> um zu leben

und wir verstehen nichts
> weder begreifen wir
> > die geburt
> noch
> > den tod

denn
wir sind
fast nichts

nur menschen

de solis amore

erde

ferner schatten
in der weite der welt

blauer planet
im raum

stoff
durch den
die tiere sind

pflanzen

grünendes singen
im morgen

der mensch

eingefangen
in raum und zeit
eine marionette
an den fäden der unendlichkeit

eine feder
die der wind verweht

ein wassertropfen
im weiten ozean

das allein
ist
der mensch

suchen

wir suchen

suchen das leben
zu verstehen

hoffen

finden?

finden wenig

ab und zu
ein körnchen
wirklichkeit

wer sind wir?

wer sind wir?
brüllt
der mensch
hinaus
in die weite
der welt
und
...
lauscht ...

II. natur und ich

gedanken

gedanken
schwingen des seins
fallen hernieder
aus unbekannten tiefen
aufsteigend

klare weite
wärme
lachendes hirn
leuchend
in der schwärze der nacht

gedanken
sklaven der zeit
steigen auf
in unendliche höhen
fliegend

morgengrauen

träumende blüten
im morgenwind

glitzernde tropfen
von tau
auf den blättern der bäume

zwitschernder wind
strahlende sonne

erwachen

ich bin

ich bin die welt
das weinen der welt
das lachen der welt
ich bin

ich bin   das leben
        die liebe
        das sehnen
        das glück
ich bin

ich bin
ich werde nicht sein
ich war nicht

jede sekunde
ein anderes ich

und doch
ich

von anfang bis ende
ohne zeit
raum und zeit

wald und wind

lege dich nieder
auf den boden
der erde

träume
im schoße
deiner mutter

schau
den schwankenden wipfeln zu

fühle
den wind
der dich erfasst

wald

wogende
kronen
im sturme
der zeit

lautlos

lautlos
gleiten
graue wolken
durch die windbewegten
äste
der bäume

bäume

leise
flüstern
die bäume
jahrtausende
sanft
schweben die wurzeln
durch die zeit

lautlos
singen
die blätter
in der aufgehenden sonne
ihre freude
hinaus in die welt

sanft
zieht der strom
des wassers
hinauf in die zukunft

kiefern

sanft
  träumen
    die kronen der bäume
      in den winden der erde
        rauschen
          die blätter …

frühling
sanfte schleier
von licht
tanzen
zwischen
grünen bäumen

blätter
singen
im winde

frühling

winter

gleißender morgen
am rande
des nichts

berge der hoffnung
am horizont

weißer winter
um uns

mein ich
feuer
ist mein haar

sonne
mein gesicht

brausend
schreitet
ich
durch zeiten

zweites ich

singender kristall
im
sonnenwind

III. bilder von geburt und tod

nirwana

prolog:

> ...
> das leben zittert
> wie ein wassertropfen
> auf einem lotosblatt (*vedanta*)

die sonne
geht auf
über den bergen
und du
erblickst das licht der welt

quell der lust
in den felsen der berge
sprudelst empor
du wasser der erde
...
und leben beginnt

fließest hinab
ins tal der hoffnung
plätschernde stromschnellen
stationen des glücks
...
und deine jugend erstrahlt

und unten im tal
fließt träge
der strom

verloren
die frische und blüte
des morgens
...
mittags
ist
die sonne
am heißesten

und über dem strom des lebens
ein vogel in der luft
fliegt hinaus
in die weite der welt
dein sehnen
fliegen und lieben

da verliert er
eine kleine feder
zart und fein
ganz allein
schwebt sie hinab
auf den strom

erglüht
wie ein licht
in der roten abendsonne
leuchtend sich senkend
in das wasser hinab

da erlischt das licht
der strom
hat das meer erreicht
die sonne

versinkt
im ozean
die feder treibt hinaus

grenzenlose weite
unendliche stille
kein windhauch auf der see
die feder ruht
im stillen meer

...

nirwana

epilog: die dinge
           blühen und blühen
           und jedes kehrt zurück
           zu seiner wurzel
           rückkehr zur wurzel
           ist ... stille ... (*lao-tse*)

wie eine kerze im wind

auf den grünen wiesen der erde
stehen kerzen

auf dem grauen beton der erde
brennen flammen

in den dichten wäldern der erde
leuchtet licht

soll dies mein leben sein
nichts als flackernder schein
fragst du dich und zitterst
unter den anforderungen des lebens
fällst hinab in tiefe abgründe
raffst dich wieder auf
leuchtest klar und stark
inmitten der winde
aller zeiten

und eines tages
lachst du den windstoß an
der dir da entgegenfährt
lächelst wie jeden tag
lächelst über die kleine erschütterung
die dich ergreift
denn stets hast du gesiegt

und als sie dich erfasst
die winzige böe im strome des lebens
erstirbt dir dein lächeln auf den wangen

wie raucht da eine kleine kerze
auf den weiten wiesen der welt
noch glimmend erlöschend
im nirwana deiner existenz

sprung ins nichts*

tanzen in der sonne
schweben
durch die klare nacht
lautlos leise
berauscht
in den winden des abends

sterne schauend
hinauf
erklettern die hänge der berge
weiter immer weiter
hand in hand
tanzend
ohne einen laut
schwebend

lieben wir uns

auf diesen felsen
die da wuchsen aus der erde
jahrmillionen wartend
...
auf uns

kommt kommt
ruft die stimme
lässt uns taumeln
umarmend umarmt
uns und die welt

duftende blumen
locken

scharen von faltern
in ihren bann
und wir flattern
in dieser nacht empor
zum ursprung des seins

kommt kommt
mädchen
brüllt es aus uns in uns
und wir fassen uns an
liebend das sein

die sterne
seht ihr die sterne
sie leuchten
für uns
menschen auf dieser welt

diese luft
atmet sie ein
zum letzten male
diese ungeheure fülle von luft und licht
inmitten dieser nacht der nächte

kommt kommt
ruft die stimme der erde

und wir fallen
schweben

der sommer
dieser herrliche sommer
doch bald

fallen die blätter von den bäumen
wir schweben
hinunter
oh wir lieben die welt
wie lieben wir die welt

... und doch
diese stimme
wie sie uns ruft

diese sterne
wie sie uns den weg leuchten

dieser wind
der uns hinfortweht
wie blätter des herbstes

hinunter
auf den abgrund des seins

dieser duft
wie er uns lockt

liebend geliebt
springen wir

diese freiheit
diese wunderbare freiheit
dieses gefühl der leichtigkeit

denken wir
glücklich
vereint mit der welt

kurz vorher
vor dem ende unseres seins

    * impressionen zum film *picnic at hanging rock* (*picknick am valentinstag*)

begegnung

ohne lächeln
grau
im nebel
tauchte er
plötzlich
vor mir auf
aus dem nichts

brüllte
...
unverständliches

und dann ...
zerfloss
unter der garbe
seiner geschosse
mein geist
...

...
und ich fiel
stürzte
hinunter
in die tiefe
...
nacht ...

IV. wir töten ... uns das

leben die erde

liebe zum menschen

manchmal
fühle ich
das leid der welt

wie verschwimmen da
die bilder
hinter den tränen
meiner augen

ich bin mensch
und
erbebe unter den schlägen
meiner hände
die mich
zerschmettern
stündlich
sekündlich
auf unserer welt

der erde

der gegenwartsegoismus

wir vernichten
        die natur
        uns
denn

wir sind teil des ganzen

wir plündern
        den planeten erde
        uns
denn

wir sind teil des ganzen

wir vergiften
        die meere der welt
        uns
denn

wir sind wasser der erde

und dann wundern wir uns
die wir uns vermehren
wie die ratten

über die angst
in den augen unserer kinder

die ohne zukunft sind
...

der mensch allein verdorrt

fragezeichen des raumes
der mensch

spitze einer pyramide
die er zersägt
                              : der mensch

tal inmitten der berge
der hoffnung
                              : allein

baum in heißen sand
der tropischen wüste
                              : verdorrt

verzweiflung

einsam

steht der mensch
am rande des seins
schaut hinaus
in seine welt

die öde und leer

und weint
bittre tränen der einsamkeit
hinaus in die nacht

ich bin gott
brüllt der mensch
schaum vor dem munde

hört mir zu
schreit der mensch
sich windend
in den fesseln der welt

ich will leben!
nur l e b e n
weint der mensch

und …

bringt sich um

wie ein vogel so frei

du willst wie ein vogel sein

frei erhaben
in der luft
gleitend
singend
über der welt

prasselndes schrot im wald
ölbeschmierte flügel
kriechen traurig an land

zarte knochen
brechen
zwischen blankpolierten zähnen

du willst wie ein vogel sein?

die erde ist leer

wolken von staub
zwischen meer und raum
tanzende wogen
in der stille der nacht

...

und die winde singen
über raue felsen
dunkles gestein

        die erde ist leer
        es ist kein leben mehr
        die erde ist leer
        die erde
        die erde ist leer

schatten an den wänden
von ruinen
steine fallen
        hallen
von vergangenheit
und ordnung

es es alles eben
nirgendwo leben

und die winde singen
        springen
über rauhe felsen
dunkles gestein

die felsen
sie klingen
      singen

          friede auf erden
          niemand mehr allein

schatten an der wand (hiroshima)

strahlenverseucht
knicken
die halme deiner mauern

leben
erstarrt
zu einem schrei

...
schatten
an der wand

schatten
in den mauern
der hoffnung
auf leben

wir bauen auf
spricht der mensch

...
und zerstört

fortschritt
schreit der mensch

...
und schreitet
über das leben hinaus
in den tod ...

eine klare sommernacht

...
und dann
gingen wir hinaus
in die nacht
sehen hinauf
zu den sternen
lauschten der natur
waren glücklich zusammen

...
und ich hörte
ihrer stimme zu
blickte
in ihre strahlenden augen
erstarrte

denn
es sprach angst aus ihnen

...
gedanken wanderten
ausgesandt empfangen
von ihr zu mir
und ich begriff
das entsetzen der ahnung
des wissens
um die zukunft

...
hell wird der himmel in der nacht
in schönheit leuchtet die erde
erstrahlend in tausend blitzen

grollend
den verursachern ihren kindern

...
»du«
sprechen ihre gedanken
und sie umfasst meine hand
lässt sie nie mehr los
»alles ist irgendwann einmal zu ende«

...
»ja«
denke ich ihr zu
»doch in jedem ende
liegt ein anfang
ein neues fragezeichen des raumes
eingebettet in die zeit«

...
und siehe
      da brachen
                die himmel auf
      verschwammen die grenzen

auf der erde aber
stiegen pilze
gen himmel

wir sind nicht mehr

prolog:
weiße wolken weben wahrheit
warum schreien die abründe so tief?
wirklichkeit wechselt
warum tanzen die flammen so hoch?

der wind
biegt die halme um
doch sie
richten sich wieder auf

ich bin stark
brüllt der baum
doch der sturm
wälzt ihn nieder

lüge
liegt über dem tal
wir tragen die berge ab
am abend
roden den stoff
der unsere lungen füllt
brennen
morden
plündern
schneiden uns die pulsadern auf
schreien
hilfe !!!

blicken hinaus
in den raum
und schreien

blicken hinauf
in den himmel
und beten
blicken uns um
brüllen nach den anderen

doch a l l e
brüllen
nach ihren nächsten

also winden wir uns
krümmen uns
in einer lache
von blut
begreifen
erst jetzt

dass es unser blut ist
das warm
vom ende einer art
schreit

danach

weite ... leere ... stille

kein gras
wächst auf der ebene

schwärze

alles gleich und eins
...
......öde
.........einöde

les larmes aux yeux

traurig
die augen des kindes
am abend

leise
in tränen erstickt
die frage
ins gestern

warum?

leise ... lautlos ... sanft

leise
schlagen
die schwingen
der zeiten

sanft
zerfließen
mauern
und menschen

lautlos
lauschen
bäume
der sonne

meere brausen
gräser
wiegen sich
im winde

V. projekt hoffnung

projekt hoffnung

hoffnung
schrieben sie sich
in ihre gesichter

hoffnung
strahlte
aus ihren augen

hoffnung
sangen ihre münder
in die weite der welt

hoffnung
sangen ihre münder
in die weite der welt

hoffnung
hielt sie aufrecht
und am leben
in diesem menschlosen
zeitalter des menschen

denn ohne hoffnung
würden sie liegen
auf der festgetretenen erde
zerfetzt
mit offenen adern
blutenden köpfen
sich wälzend

im staub ihrer gifte
gemordet durch ihre hand
hinweggerafft
durch ihren geist
welcher wahrhaft höher ist
als alle vernunft
tiefer
jenseits aller vernunft
tief unten
hoch oben
im wahnsinn ihres lebens

schatten in der nacht

a:
schwarze schwingen
in der nacht
schreien
brüllen

nie
nie wieder werde tag

b:
die sonne
leuchtet
noch immer
über den grünen hügeln
der erde

doch die menschen
wohnen
in den tälern ihrer hoffnung
graben sich ein
in die erde
verlernen
den tag zu lieben
haben angst
fürchterliche angst
vor der dunkelheit
in ihnen

c:
flöten
rufen
in der nacht

        menschen erwacht menschen erwacht
        menschen erwacht erwacht erwacht ...

VI. schöne neue welt

schöne neue welt*

eine welt
in der
jeder jeden
lieben würde
      könnte
      dürfte

in der
ein einsamer mensch
zum anderen ginge
und
sein alleinsein verlöre
für den augenblick
und für alle zeit
da wer wüsste
dass immer
jeder für jeden
da ist

ach
schöne neue welt

* titel nach aldous huxley

fehler der systeme

der fehler aller systeme
war und ist
ihr wille
überleben zu wollen

dies ist
ihr untergang

denn
leben
auch das menschliche
ist wandel
im strome der zeit

o anarchia *

kind unserer sehnsucht
land unserer träume

wie warten wir
auf deine geburt

..
wir deine eltern

* gedicht nach ursula k. le guin: planet der
habenichtse

die sanfte kraft

die sanfte kraft
wächst

wehe
der gewalt
dem krieg
den dienern der entropie

la force douce

den frieden
über die musik
erlangen

schleier
fallen
von den hirnen der menschen
wir alle
tanzen

sanfte wellen
von licht
durchfluten
unseren geist
wir erkennen
das einfachste

dass wir menschen sind

ende der kriege
ende der politik
ende des rassismus
ende der religion

ende der systeme

geburt des ich

du möchtest fliegen
wie ein vogel im wind?

fliege

du möchtest tanzen
wie ein schmetterling?

tanze

du möchtest schweben
wie die sonne des alls?

du möchtest wissen
allumfassend?

lasse das zentrum
deiner stirn
leuchten
in die schwärze des alls

so werden
sonnen
geboren

wenn sonnen erwachen

sanft
zerfließen
mauern

zerspringen
felsen
unter der aufgehenden
sonne

mitten
in der nacht

sanft
erwachen
die hirne
der menschen

lautlos
zerfließen
die schranken
der dummheit

der mensch erwacht

strahlen der sonne
werfen ihr licht
durch die schatten der bäume
blätter
flüstern im wind
unserer sinne

blüten
öffnen sich
an den hängen der berge
adler schreien
hinauf
in die klirrende kälte
dieses morgens

der mensch
erwacht ...
schaut auf
in das licht der kommenden tage
schließt die augen
befragt die spiegel
die er aufgestellt in sich

ist dies meine zukunft?

neuzeit

räume brechen
zeiten beben
das mittelalter endet

sanft
brennen
kerzen
auf den wiesen der erde

strahlend
die sonne
in der nacht

stürme
neigen sterbend
sich zu boden

ruhig
leuchten
die flammen
der kerzen

die erde lacht

... und wir entzündeten das licht

und wir entzündeten das licht
in uns

da begann es
zu grünen
in der grauen welt

farben
musik
die tiere
kamen wieder

und wir tanzen
auf den grünen wiesen
der erde

geburt

steigen auf
aus den tiefen der welt
wasser
rauch
nebel

schweben empor
aus dem lichte
dieser nacht
geburt

morgen:

                    sonne
                    lachen
                    tanzen
                    klarheit

geburt des menschen

öffne die lippen
deines mundes
lasse dein ich erklingen
lautlos leise
in dir
einen hauch von nichts
singend
hinein in dich
in die weite des alls

forme die lippen
deines mundes
zu einem hauch von kraft
blase den strom der luft
hinaus
in die weite der welt
sanft
leise
lautlos
schwebt
ein ungeheures meer von nichts
im raum
auf der erde

leise ganz leise
sanft
zerfließen die unterschiede
werden menschen geboren

leise fast lautlos
fallen die waffen
aus den händen
der menschen

öffne
dein ich
dem wir des lebens
schließe
deine augen

und werde eins
mit der welt

wir werden geboren

wie brausen
die stürme
der zeiten
durch uns hindurch

wie wächst
der raum
in uns

tausende tore
öffnen sich

und wir beginnen
zu atmen

spiegel der sonne

wir
treten hinaus
in die weite der welt

drehen
unsere gesichter
zur sonne

und lassen
die erde
erstrahlen

licht   licht
spiegelt sich   spiegelt sich
in uns   aus uns

       licht

                 aus uns
                 in euch
                 aus euch
                 in uns

spiegel der sonne

auf unendlichen wiesen

auf den unendlichen wiesen
der erde
wir
schauen hinaus
in die weite

wiegen uns
im winde
gleich halmen
gräser der welt

wir

...
während bäume
berstend fallen

insel der liebe 1 + 2

inmitten
der stürme
der zeiten

insel der liebe
wir

voller hoffnung
voller licht
voller geist

wir
insel der liebe

inmitten
der brandung
der meere

insel der liebe
wir

wir
am morgen
die sonne
in unseren hirnen
wir

der sanfte wind
aller zeiten
wir
die blätter der erde

wir
der tau
auf den gräsern
der wiesen
unendlichkeit

wir
die schwärze der nacht

funkelnde sterne
am horizont

beginn der öffnung

sanft
fließt
mein ich
durch die wogen
der zeiten

und es öffnen sich
verschlossene tore
in mir

all
schwebt
im hirn
schwärze

und ich
schreite
hinaus
beginne
zu sehen

sanft
schwebt
sonne
durch
den raum

leise
singen
gedanken
in den strömen
der zeit

lautlos
verschmelzen
ich
und all

        die zeit
        naht

worte eines neuen menschen

stark sein
heißt
> die erkannte wahrheit
> ertragen zu können

mensch-sein
ist
> ein versuch unter vielen
> nicht mehr

> ...
> letztens endes
> scheitern alle versuche

> ...
> und doch
> versuch folgt auf versuch

es lebe die liebe!

es lebe die liebe

         die liebe zum selbst
         denn sie sagt:
         ich will leben

         die liebe zum nächsten
         denn sie spricht:
         du sollst leben

         die liebe zum fernsten
         denn sie ruft:
         wir werden leben

nächstenliebe

wir brauchen
keinen gott

was wir brauchen
sind m e n s c h e n

aber
wir brauchen
liebe
einfühlen
verstehen
hilfe

...
durch menschen

sinn des lebens

der sinn
des lebens

ist

...
das leben

das leben
hat keinen anderen sinn
als sich selbst

freiheit

weinen
wenn du weinen willst

lachen
wenn dir zum lachen zumute ist

lieben
       die welt
             und dich

freude

lasst sonnen
tanzen
in der nacht

glück

sonne
lacht
in meinem kopf

wir

ich in dir
        du in mir
wir in uns

werde erde!

höre

        die sonne

singen

...

werde erde

einheit

nennen wir es
das kosmische bewusstsein

die einheit
von außen- und innenraum

schmelzen und verschmelzen

ich schmelze
löse mich auf
werde
    alles

ich verschmelze
vereinige mich
bin
    alles

wir … die leere der welt

wir
sind

…
die felsen
in der brandung der meere
die wolken am horizont

…
wir
sind

…
die blätter des herbstes
die der wind verweht

…
wir
das licht der welt

wir
eine feder im ozean
treibend
durch die welt

wir
planet im raun

wir
sonne der welt
dahintreibend
verweht
von den winden der welt

felsen
in der brandung
der meere der zeit

wir
berge der hoffnung
inmitten der täler
der einsamkeit

wir
das leben der erde

wir
verweht
von den winden der erde

wir
die berge der hoffnung

wir
die felsen
in der brandung der meere

wir
die blätter des herbstes

...
wir
sind

...
oh
wie rauschen die wogen
der zeiten
an uns vorbei

wie schweben wir
durch das leben

wir
die wir zeit sind
und raum
wie rauscht der raum
an uns vorbei
an uns der zeit

wir
das leben dieser erde

wie lieben wir uns

wie lieben wir
die planeten
die sonnen der welt

wie lieben wir
den raum
unsere zukunft

wie lieben wir uns
die wir
raum und leere sind

leere
            ist licht
            ist leben

wir sind die leere der welt

leere ist kraft

VIII. der weg ins all

kosmos

schau in die nacht
den sternen entgegen
lausche den klängen
deines ichs

und
finde dich wieder
in den sonnen der welt

wir wachsen

die zeit
ist nahe

der ursprung
kommt

der kreis
schließt sich
zur ewigkeit

sonnen erstrahlen
in der nacht

das all
ruft

ruf der sterne

nachts
wenn
...   die gläsernen schwingen
meines ichs
sich erheben
in die schwärze der nacht
hinauf
zu den lichtpunkten
des alls

wenn
...   mein geist
sich in unendlichkeiten dehnt

wenn
...   zukunft
gegenwärtig wird

folge ich
noch nicht
dem rufen
der sterne

manchmal

wenn

        schwärme von faltern
        das zentrum
        meiner stirn
        verlassen

wenn

        schildkröten
        hinaufschweben
        in strahlende weite
        der sonne entgegen

wenn

        mein ich
        sich entfaltet
        am morgen der zeit

blüte
leben
all

kristall

kristall
in mir

tausendfach gespiegelte
strahlen der sonne

unendlich
mein ich
in den spiegeln der zeit

sanft
schwebt sonne
durch den raum

in mir

ich bin
kristall

..... all
.... all
.. all

sternenglänzender raum

sternenglänzender
raum
um mich
sternenglänzender raum
in mir

verschmolzen
staub
und leere

zentrum meiner stirn

auge
im zentrum
meiner stirn

leuchte

werde sonne
zeige mir
das all

fragment
schwebendes wir
im hauch
der zeiten

tanzend
in den sonnen
der welt

dawn

von den menschen
die aufbrachen
in den raum

wo sie untergingen
ohne laut
fern der erde

prolog:
(*häuptling seattle*)

»wir sind ein teil der erde
und sie ist
ein teil von uns
die erde gehört nicht den menschen
der mensch gehört der erde«

in den säuselnden wellen des morgens
die sonne
lautlos leise
inmitten jubilierender vögel
die sonne
lautlos leise
an diesem morgen
heraus
hinaufsteigend
am horizonte unserer welt

strahlenden glanzes
die sonne
glitzernd
sich brechend

auf den wassern der erde

und der mensch
erwacht

steigt auf
hinauf
in den klaren himmel
dieses morgens
voller glück und lachen

denn
aufbruch
schreit es
hoffnung
aus ihm heraus

hinauf
in die schwärze des alls
zu den sternen
seiner sehnsucht
hinauf
fort von der erde
der welt des ursprungs
hinfort
in die weite
der welt

ich bin erwachsen
brüllt das kind
und verlässt seine eltern
lachend
vor freude

...
und dummheit

strahlenden glanzes
die sonne
über den bergen
der erde
glitzerndes licht
in den säuselnden wellen
dieses morgens

stille
über der neugeborenen erde

doch der mensch
schwebt
an ihr vorbei
der sonne
der weite entgegen
im raum allein

langsam
ganz leise
greift die stille
nach den hirnen
der menschen

leise
ganz leise
sanft

zerspringen
die körper der menschen

denn der raum
ist ohne echo
          ohne laut

leise
ganz leise
schreien die letzten menschen
im wahnsinn
ihres lebens
ihre sehnsucht
hinaus

leise
ganz leise
sterben sie dahin
denn niemand
ist da
der ihre letzten worte hört
worte?
nein!
ein wort nur
das wort für welt
          für menschenwelt:
                    erde

ich bin erwachsen
brüllte das kind
und verließ seine eltern:
erde und sonne

lachend aufbrechend
voller hoffnung
lachend endend

voller wahnsinn und tod ...

doch
in der ferne

strahlenden glanzes
die sonne
über den bergen
der erde
glitzernd
in den säuselnden wogen
dieses abends

epilog:
»dans l'espace
personne
ne vous entend crier« *

* frz. werbung zum film »alien«.

wir vergehen

...
lassen
unsere gedanken
...
wandern
...
wir
...
entschweben
...
wir
...
zerfließen
...
wir
...
im nichts

der weg ins all

der weg ins all
geht
durch die sonne

flügel der sonne
erhellen
die erde

flügel der sonne
erleuchten
die nacht

flügel der sonne

kinder der erde
kinder der sonne
kinder des alls

der weg ins all
geht
durch die sonne

manta im all

lautlos

       sanft

             schlagen die schwingen
             unseres geistes

und wir schweben
tanzen
in den strahlen
der morgensonne

       von der erde
           ins all

bevor wir wir waren

bevor wir wir waren
bevor wir aufbrachen
in den raum
die zeit

bevor wir wir wurden
da lebten wir
auf der erde
wir
damals:
ich und du und er und sie

da war ursprung
        entwicklung
da war untergang
       leben und tod

erde
ursprung
da lebten
er und ich und du und sie

wir
damals
da nannten wir uns
         menschen

raumzeit des aufbruchs

breiten unsere arme aus
schweben empor
verschmelzen
zu einem wesen

wir
wir sind
wir
das licht der welt

singen
lachen tanzen
schweben hinfort
in die weite der welt

wir
am blauen himmel dieses morgens
empor
höher und höher

wir
strahlende sonnen
in der schwärze der nacht
funkelnd

wir
am ziel unserer hoffnung

wir
das licht der welt
umkreisen die erde
mutter

wir sind
wir sind erwachsen
mutter
weine nicht
wir verlassen dich

schweben hinaus
in die weite der welt
der sonne entgegen

hinein
in die wärme des lichts
wir
ein licht
du
unser licht
vater
sonne
es ist die zeit der raum
raumzeit des aufbruchs
vater
wir kommen
um zu gehen

hindurch
der kälte entgegen
wir
das licht der welt
wir
durchleuchten das all

sonniger wind
trage uns hinaus

dem ziele entgegen
wir
das licht der welt

hinter uns
die sonne
das mensch-sein
oh
sonnenwind wehe
       führe uns
der heimat entgegen

wir schweben
wir sind
...

wir

sonnenstrahlen
tanzen
in klingenden
räumen

spiegelnde kristalle
in der schwärze
des alls

wir

winzige feder in der weite der welt

ein stiller see
unendliche weite
aufgehende sonne
am horizont

und du
eine winzige feder
im ozean
treibend
ohne laut
leise
der sonne entgegen
in unendlicher weite
an diesem morgen des seins

du ich wir
winzige federn im ozean
werden eins
mit dem meer der welt

all

IX. wir wollen sein als teil des ganzen in freiheit in liebe in frieden

wir wollen sein

ich
        bin
                sonne

ich
        bin
                erde

ich
        bin
                mensch

ich bin
...

wir wollen sein!

eid

es lebe das leben
also lebe ich
denn ich bin leben

es leben die tiere
also lebe ich
denn ich bin tier

es leben die menschen
also lebe ich
denn ich bin mensch

»glück ist lieben«*

wir lieben die welt
        die musik der welt
        die menschen der welt
        die grünen hügel der erde
        die weiten meere
        die berge

wie lieben wir
diese erde
wir
die wir das licht der welt sind

wie glücklich wir sind

* zitat: hermann hesse

zu leben

das lachen der hoffnung
das weinen in einsamkeit

berge und täler
ziele
enttäuschungen
neue ziele

unser leben hat sinn

wie froh wir sind

z u   l e b e n

unterschrift

keine macht für niemand

friede

liebe regiere die welt

Inhalt

Belletristik von Rainar Nitzsche

Die Pfadwelten - Die Trilogie

Die fantastische Reise von Manfred dem Magier, einem Zauberer ohne Zauberstab und Zaubersprüche, aber mit einem Schwert, das erscheint, wenn es gebraucht wird, und mit der Fähigkeit sich in alle möglichen Wesen zu verwandeln. Sein Weg durch die Bioregionen der Erde, Fantasywelten mit Fabelwesen und den berühmtesten Samurai auf der Suche nach der großen Liebe und im Kampf gegen ein uraltes unsterbliches schwarzes Wesen aus der Welt T-Her.

Der Leuchtende Pfad des Magiers. PFAD 1, 186 Seiten, handsigniert, nummeriert, limitiert auf 207 Exemplare, ISBN 978-3-930304-03-5 sowie Neuauflage als Taschenbuch ISBN 978-3-7431-1376-3 und E-Book.

Wandlungen der Drei. PFAD 2. 194 Seiten, handsigniert, nummeriert: 50 Exemplare, ISBN 978-3-930304-13-4 sowie Neuauflage als Taschenbuch ISBN 978-3-7431-9600-1 und E-Book.

Wüsten-Berges-Himmels-Weiten. PFAD 3. Meditative Bio-Fantasy, 180 Seiten, handsigniert, nummeriert, limitiert auf 50 Exemplare, ISBN 978-3-930304-17-2 sowie Neuauflage als Taschenbuch ISBN 978-3-7431- 5960-0 und E-Book.

Der vierte Band - Kosmos und Einswerden

Seelenreisen von Menschen und Arachnoiden, ES, Katzen und eines Schneckenwesens durch Raum und Zeit bis zur Vereinigung der Sieben und zur Erleuchtung.

Ins All - Im Eins. PFAD 4. 208 Seiten, handsigniert, nummeriert, limitiert auf 50 Exemplare, ISBN 978-3-930304-14-1 sowie Neuauflage als Taschenbuch ISBN 978-3-7431-7288-3 und E-Book.

Pfadwelten-Titel von Alexa E. Bach

Der Schneckenkönig. Auf der Suche nach der großen Liebe und seinen Untertanen begegnet der Schneckenkönig den wunderlichsten Wesen, wie den Buntlingen und lebendigen Spielfiguren. 76 Seiten, ISBN 978-3-8423-5587-3 und E-Book.

Fantastische Kurzprosa

Die MONDIN-»Trilogie« - Vollmondnacht

Ruf der Mondin. Lieder der Nacht. 62 Seiten, ISBN 978-3-9802102-5-6 und E-Book.

Im Licht der Vollen Mondin. 132 Seiten, ISBN 978-3-930304-04-2 und E-Book.

Mondin-Schein und Sein. 176 Seiten, ISBN 978-3-930304-12-7 und E-Book.

Drei Themenbände: Tag, Spiegel, Kosmos

ATON Vater Sonn. Taggeschichten. 184 Seiten, 50 handsignierte, nummerierte und weitere Exemplare, ISBN 978-3-930304-09-7 und E-Book.

Spiegelwelten deiner Seele. Spiegelgeschichten. 50 handsignierte, nummerierte und weitere Exemplare, 125 Seiten, ISBN 978-3-930304-27-1. Zweite überarbeitete Auflage als Taschenbuch ISBN 978-3-7412-5200-6 und E-Book.

Still riefen uns die Sterne. Kosmische Geschichten, 164 Seiten, 50 handsignierte, nummerierte und weitere Exemplare, ISBN 978-3-930304-29-5 und E-Book.

Engel und Erleuchtung, Vampire und Parallelwelten, Spinnenträume

Von Engeln, Erleuchtung und Ewigkeit. Meditative Kurzprosa. Rainar Nitzsche / Harald Fuchs, 2. überarbeitete Auflage, 144 Seiten, ISBN 978-3-930304-78-3, 3. überarbeitete Auflage, 149 Seiten, ISBN 978-3-7412-6662-1

Das Schlafende steht auf aus Seinen Träumen. Fantastische Kurzprosa mit dem Gemälde der Mona Lisa, eigenen Fotocollagen und Fotos - alles effektvoll verändert, Vampire, Fabelwesen, Parallelwelten, 122 Texte, 30 Abbildungen, 204 Seiten, ISBN 978-3-930304-77-6

Spinnentraumgespinste. Spinnenträume und Spinnenbegegnungen. Mit über 80 verfremdeten Fotos sowie Grafik vom Verfasser. 2. überarbeitete Aufl., 164 Seiten, ISBN 978-3-930304-70-7

Anthologie

Märchens Geschichte. Neue Phantastik- und Horrorgeschichten. 63 Storys, 27 Autoren, 220 Seiten, ISBN 978-3-930304-01-1.

Lyrik

Ewig sein in Stille. Meditative Lyrik. Rainar Nitzsche / Berthold Mallmann 1. Auflage, nummeriert, handsigniert, limitiert auf 50 Exemplare, 120 Seiten mit 21 Grafiken, ISBN 978-3-930304-26-4, 2. überarbeitete Auflage ISBN 978-3-7412-6131-2.

Klang über den Meeren der Zeit. Nummeriert, handsigniert, limitiert auf 313 Exemplare, 72 Seiten mit 31 Grafiken, 26 Gedichten, ISBN 978-3-930304-07-3.

OM oder Das Rauschen der scheinbaren Leere. Meditative Lyrik. Nummeriert, handsigniert, limitiert auf 316 Exemplare, 80 Seiten, ISBN 978-3-930304-02-8.

Die Zeit der Bäume. Nummeriert, handsigniert, limitiert auf 304 Exemplare, 60 Seiten mit 23 Grafiken und 26 Gedichten, ISBN 978-3-9802102-4-9.

Olaf Olsen

Dreimal Horror kurz und schmerzhaft mit Illustrationen von Rainar Nitzsche

ES bricht hervor aus dir. Nummeriert, handsign., limitiert auf 50 Exemplare, 106 Seiten, ISBN 978-3-930304-49-3 und E-Book.

Höllen-Fahrten-Leben-Träume. Nummeriert, handsign., limitiert auf 50 Ex., 156 Seiten, ISBN 978-3-930304-31-8 und E-Book.

Die Meere des Wahnsinns. Wenn sich die Grenzen verschieben. Nummeriert, handsigniert, limitiert auf 50 Exemplare, 78 Seiten, ISBN 978-3-930304-30-1 und E-Book.